AF242700

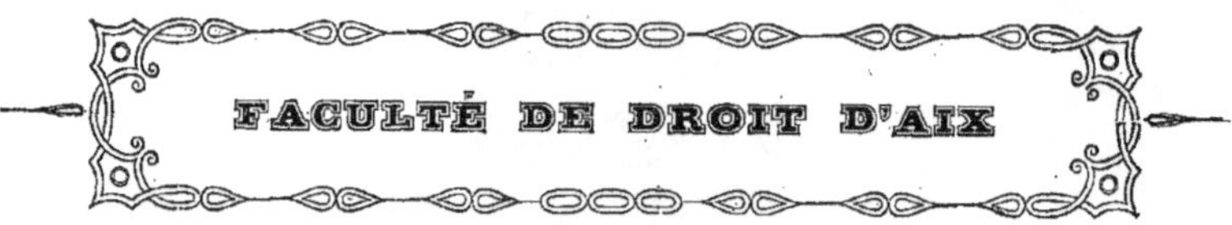

THÈSE

POUR

LA LICENCE

PRÉSENTÉE

Par M. E. CARCASSONNE

L'esprit de modération est celui du législateur.

(MONTESQUIEU, *Esprit des lois*.)

NIMES

DE L'IMPRIMERIE J. ROUMIEUX ET Cⁱᵉ

PLACE DE LA BELLE-CROIX

1865

A LA MÉMOIRE DE MON PÈRE

A MA MÈRE

JUS ROMANUM

DE IN JUS VOCANDO

(Dig. , Livre II , Titre IV)

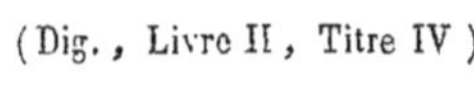

In jus vocare est juris experiundi causa vocare.

Romanæ ab initio reipublicæ et longa per spiramenta temporum vocationis in jus forma populi romani acerbitatem patefaciebat et morum particeps consciaque asperitate legis, duodecim tabularum gliscebat. Scilicet actor reo obvius ibat et his prospectum increpabat :

« In jus ambula » vel « in jus te voco » vel « apud magistratum eamus. »

Reum nempe, si quis calviretur aut pedem strueret, actor obtorto collo apud magistratum rapiebat ; sin autem, quod circumstantium testimonio constabat, actorem sequi inficiaretur et vim vi reppelleret, jure defensionis sublato, a judice damnabatur. Hic onus duodecim tabularum lege impositum actori notandum est quod nobis apparet tanquam humanitatis incrementum :

« Si morbus ævitasve vitium escit, qui in jus vocabit , fert tabula prima , jumentum dato , si nolet , arceram ne sternito. »

Reus tamen ante magistratum ire non coactus erat si vindicem præstaret qui personam ipsius defenderet et damnationem futuram , si futura sit , susciperet.

Sed , Marco Aurelio imperante , hæc intabuit vocationis formula et vadimonio substituta est quod faciebat viator. Si reus hoc vadimonium respueret, actione in factum multationem subibat. Illi tamen , oblata cautione, actorem non sequendi facultas relinquebatur. Quæ causa judicio sistendi data , fidejussoris nomine dicebatur , cautio , non e lite exortam damnationem accipiebat sed certam tantummodo pecuniæ summam promittebat si , die præstituta , reus deficeret. Fidejussor judicio sistendi causa locuples esse pro rei qualitate debebat , exceptis necessariis personis ; nam prætor ait : « Si quis parentem , patronum , patronam , liberos vel uxorem , vel nurum in judicium vocabit , qualiscumque fidejussor judicio sistendi causa accipietur. »

Postea , Constantino imperante , nunc per rescripti editionem , nunc per denuntiationem apud acta rectoris aut legatorum Cæsaris quam illi magistratus reo significabant , depositam lis incipiebat.

Novam vocationis formam aperuit Justinianus.

Actor apud acta libellum conventionis deponebat aut à semetipso aut à tabullario signatum in quo cautionem'dabat se intra duos menses litem contexturum usque ad litem finis permansurum et sumptus præstiturum si temere movisse litem judicatus fuerit. Magistratus libellum inspiciebat et alterutrum inibat consilium aut litigare vetabat aut viatori reum vocare edicebat. Reus , libello suscepto, sportulas solvebat et dato fidejussore, judicio sisti carebat. Quod si , induciarum elapso tempore , cautionem judicatum sisti dare abnueret aut in carcerem trahebatur aut viatoris custodiæ committebatur.

Nunc quoniam has diversas vocationis in jus formas ostendimus , quæ in jus personæ vocari possint aperiamus.

Regulariter quævis personæ in jus trahuntur , nequeunt tamen nonnullæ vocari , alii loci aut temporis aut honestatis causa , alii propter animi imbecillitatem , alii propter amplitudinem.

I. — Loci causa

Domus tutissimüm cuique refugium ac receptaculum esse debet , itaque aliquem de domo sua in jus vocare non licet , sed si quis aditum ad se præstet aut ex publico conspiciatur , recte in jus vocare eum Julianus censet.

II. — Temporis causa

Qui propter loci religionem inde se movere non possunt, qui uxorem ducunt , qui apud prætorem causam agunt aut familiare ducunt funus aut cadaver prosequuntur , judices denique qui de re cognoscunt , vocari in jus item nequeunt.

III. — Honestatis causa

Spectaculum parentes triste et inhonestum pariunt qui officiorum et debitæ amicitiæ obliti , divinarum legum immemores et humanis legibus accincti inter se , avaritia debacchante , litigant. Intellexit prætor et ait : « Parentem, » patronum , patronam , liberos , parentes patroni , patronæ in jus sine » permissu meo ne quis vocet. » (Permissurus enim si famosa actio non sit vel pudorem non sugillet.) Parentem hic utriusque sexus accipe. Quidam parentem usque ad tritavum appellari aiunt sed Caius Cassius omnes in infinitum parentes dicit et honestius est et merito viguit. Una est omnibus servanda parentibus reverentia , itaque parentes naturales in jus vocare nemo potest. Patroni hic accipiendi sunt qui ex servitudine manumiserunt ; liberi pariter , etiam adoptivi , in infinitum excipiuntur.

IV. — Propter animi imbecillitatem

Furiosi vel infantes nequeunt in jus vocari.

V. — Propter amplitudinem

Nemini licet in jus vocare consulem, præfectum, prætorem, proconsulem aut cæteros magistratus qui merum imperium habent, nec eum qui equo publico in causa publica transvehatur, nec dum sacra facit, pontificem.

CODE NAPOLÉON

DE LA CÉLÉBRATION ET DE LA PREUVE DU MARIAGE

(Art. 165 à 171 — 194 à 200.)

Introduction. — Le mariage est généralement défini : le Contrat solennel par lequel l'homme et la femme s'unissent pour perpétuer leur espèce et se promettent mutuellement la fidélité dans l'amour, la communion dans le bonheur et l'assistance dans l'infortune.

Cette institution est contemporaine de la venue de l'homme à la terre ; son origine est due à Dieu; elle est la source de la famille et la base de l'ordre social. On la retrouve chez tous les peuples; mais les règles qui régissent le mariage, qui en déterminent les conditions, les formes, les effets, celles qui concernent sa célébration ont varié selon les temps et les pays, les mœurs et les besoins de chaque société, tout en conservant entre elles une grande analogie.

On remarque, en effet, que si le mariage est en crédit chez tous les peuples, tous, dans l'antiquité, le considèrent comme l'accord de deux volontés, la réunion de deux consentements destituée de toute consécration légale , comme un contrat pur et simple dont la célébration s'accomplit presque toujours sous les auspices de la Divinité , mais n'est jamais l'objet d'une attention spéciale de la part du législateur.

Le Christianisme modifia les cérémonies constitutives du mariage. L'Église en fit un contrat religieux ; elle traça des règles pour sa célébration, et, s'il est vrai de dire que longtemps ses prescriptions furent incomplètes , on doit reconnaître aussi que les conciles furent attentifs à ce grave sujet et comprirent la nécessité d'une célébration publique, qui, tout en assurant la liberté des consentements, permît de recueillir et de conserver une preuve authentique du mariage pour assurer son indissolubilité et les autres effets qui s'y rattachent. Les docteurs de l'Église avaient posé les principes que les rédacteurs du Code Napoléon, éclairés par les ordonnances royales, développèrent en se les appropriant. Sous leur jalouse initiative , le droit canonique fut mis en échec ; le mariage devint ce qu'il doit être : non pas seulement un acte de société entre l'homme et la femme , ni un contrat purement religieux ; mais un acte de l'état civil indépendant du culte des époux , un contrat de droit public dans lequel la société tout entière est pour ainsi dire partie , qu'elle surveille avec sollicitude et dont la célébration, désormais sécularisée, fut entourée de précautions minutieuses, sages , bien ordonnées , de règles dont l'examen fait l'objet de cette étude.

De la Célébration du Mariage

Le trait dominant de notre législation sur cette matière, après la séparation du contrat civil et du sacrement religieux , est l'immense publicité dont elle entoure le mariage par les formalités qui le précèdent et celles qui l'accompagnent. Les publications, l'affiche, la remise des pièces , l'intervention d'un officier public , la présence de quatre témoins, l'admission du public dans la maison commune où doit être célébré le mariage, la nécessité pour les parties de se marier là où elles sont réputées connues, telles sont les sources de cette publicité , tels sont les éléments à la fois constitutifs de la célébration du mariage et précurseurs de sa solennité.

FORMALITÉS QUI PRÉCÈDENT. — 1º *Des publications*. — C'est l'annonce publique du mariage , connue autrefois sous le nom de bans , c'est-à-dire proclamation (Demolombe). D'après l'art 63 , l'officier de l'état civil doit faire deux publications à huit jours d'intervalle, un dimanche (jour où le peuple se répand au dehors), devant la maison commune, d'habitude le point central de la localité. Les publications doivent contenir tous les renseignements qui déterminent et font connaître l'individualité des contractants. Les parties ont seules le droit de les requérir ; aussi , doivent-elles fournir à l'officier de l'état civil toutes les indications nécessaires à leur confection. Mais sont-elles obligées de lui remettre les pièces justificatives de ces indications ? Je crois que, si les parties sont mineures, indépendamment de l'acte de naissance que l'officier de l'état civil peut toujours exiger , elles sont tenues, par argument tiré de l'art 371 du C. N. , de donner la preuve du consentement de leurs parents. Un point assez délicat , objet de nombreux commentaires, est la détermination du lieu où les publications doivent être faites. En ce qui concerne le mariage, les parties ont deux domiciles : l'un le domicile réel où d'après l'art 166 du C. N. les publications doivent toujours être faites, l'autre un domicile qu'on peut appeler matrimonial qui s'établit par six mois de résidence, domicile facultatif où les parties peuvent se marier. Ces principes posés, la question me paraît résolue. Les parties célèbrent-elles leur mariage dans la commune où elles ont cumulativement leur domicile et leur résidence? Les publications n'auront lieu que dans cette commune. Le domicile réel est-il séparé de la résidence et le mariage se célèbre-t-il dans la commune où l'une d'elles réside depuis plus de six mois ? Les publications devront être faites à la fois à la municipalité du domicile réel et à celle de la résidence. Le mariage est-il célébré dans la commune où les parties ont leur domicile réel, mais une résidence de moins de six mois ? Les publications seront faites en outre au domicile précédent ; elles le seront enfin, en cas de minorité , à la municipalité du domicile de ceux sous la puissance desquels se trouvent les futurs époux.

La règle générale qui exige deux publications est tempérée par l'art 169 qui permet au chef de l'État de dispenser de la seconde pour des causes dont la gravité est laissée à son appréciation. Après l'accomplissement des publications, la loi fixe deux délais : 1o un délai avant lequel le mariage ne peut pas être célébré ; il est de trois jours depuis et non compris celui de la seconde publication ; 2o un délai après lequel il ne peut plus être célébré ; il est d'une année à compter de l'expiration du délai des publications.

2o *De l'affiche.* — Les publications faites, l'officier de l'état civil doit en dresser un acte qui énonce en outre les jours, lieux et heures où elles ont été faites. Cet acte est inscrit sur un registre qui est coté, paraphé et déposé à la fin de chaque année au greffe du tribunal de l'arrondissement. Un extrait de l'acte de publication est apposé sur la porte de la maison commune où il doit rester pendant les huit jours d'intervalle de l'une à l'autre publication. C'est la formalité que la loi désigne sous le nom d'affiche, d'autant plus essentielle aujourd'hui que dans la pratique on a cru devoir, à tort selon nous, se dispenser de l'annonce des publications.

3o *De la remise des pièces.*—L'officier de l'état civil doit se faire remettre, avant la célébration du mariage, certaines pièces dont l'objet principal est de constater que toutes les conditions requises par la loi sont remplies et qu'aucun empêchement ne s'oppose au mariage.

Formalités qui accompagnent la Célébration du Mariage et la constituent

Elles se composent : 1o *de l'intervention d'un officier public.* — L'officier public est le maire ou l'adjoint de la municipalité où se célèbre le mariage. Rien ne compromettrait plus la validité du mariage, dit Demolombe, qu'une célébration faite par un individu sans caractère public à cet effet.

2o *De la célébration du mariage dans la maison commune.* —Néanmoins, sur des motifs graves, l'officier de l'état civil pourra se transporter avec les registres hors de la mairie en suppléant à l'absence de cet élément de publicité par des avertissements indicatifs de l'endroit où le mariage sera célébré et de ne l'y célébrer que portes ouvertes. Les mariages *in extremis* nécessitent surtout le déplacement de l'officier de l'état civil. Disons, en passant, qu'aucun texte ne s'oppose à leur célébration ; que, bien plus, dans la discussion du projet de loi, les orateurs du gouvernement ont positivement déclaré qu'ils pouvaient avoir lieu, contrairement à l'ancien droit et par des considérations morales qu'on peut combattre sans nier toutefois leur importance.

3° *De l'admission du public.* — Pendant la durée de la célébration, les portes de la mairie doivent rester ouvertes.

4° *De la présence de quatre témoins.* — C'est une garantie de l'observation des formalités prescrites.

5° *De la nécessité de se marier où les parties sont réputées connues.* — Mais où sont-elles réputées connues et, par conséquent, en quel lieu doit-on célébrer le mariage ? Des controverses ardentes, écho des discussions soulevées au Conseil d'Etat, se sont engagées sur ce point. Je crois, suivant Toullier, Demolombe, Dalloz et, contrairement à Maleville, Delvincourt et Zachariæ, que, pour se marier dans une commune, il n'est pas nécessaire d'y avoir six mois de résidence continue ; que les parties sont réputées connues et que le mariage peut se célébrer dans la commune où l'une d'elles a son domicile réel, quoiqu'elle y réside depuis moins de six mois ou qu'elle ait cessé d'y résider depuis un temps plus ou moins long ; qu'enfin le mariage peut aussi être célébré là où l'une des parties a une résidence continue de six mois, encore bien qu'elle n'y ait pas son domicile réel.

De la Solennité du Mariage

Le jour désigné par les parties, après les délais des publications, dit l'art. 75 du C. N., l'officier de l'état civil, dans la maison commune, en présence de quatre témoins, parents ou non parents, fera lecture aux parties (ce qui indique qu'on ne peut se marier par procureur) des pièces ci-dessus mentionnées relatives à leur état et aux formalités du mariage ; il lira aussi le chapitre vi du titre du mariage sur les droits et les devoirs respectifs des époux ; il recevra de chaque partie l'une après l'autre la déclaration qu'elles veulent se prendre pour mari et femme ; il prononcera au nom de la loi qu'elles sont unies par le mariage et il en dressera acte sur-le-champ. Éclairer les parties sur l'importance de l'acte qu'elles vont accomplir ; donner à leur consentement un caractère de parfaite évidence et de complète liberté ; en même temps entourer le mariage de publicité et conserver une preuve authentique de sa célébration , tels sont le but de cet article et l'intention de ses rédacteurs.

Des Mariages contractés à l'étranger

Un Français peut se marier en pays étranger sans avoir besoin , comme sous l'ancien droit , de la permission du chef de l'État ; mais alors le mariage est soumis à des conditions posées dans les articles 170 et 171 , conditions qu'on peut fixer au nombre de quatre et qui laissent clairement paraître la double intention du législateur : assurer la publicité du mariage et concilier le respect que mérite la législation étrangère avec l'obéissance que tout Français doit aux lois de son pays.

1o *Conditions de capacité.* — L'article 170 pour leur détermination nous renvoie au chapitre précédent ; c'est dire qu'il semble exiger toutes les qualités et conditions dont l'inobservation constitue soit un obstacle dirimant , soit un obstacle prohibitif.

2o *Condition de forme.* — Si un Français épouse une Française , le mariage peut être célébré au choix des parties devant le consul français et selon les formes françaises ou devant l'officier public étranger et selon les formes prescrites par la loi du pays. S'il épouse une étrangère, l'article 48 du C. N. est inapplicable et la règle *locus regit actum* reprenant son empire , l'officier public étranger est seul compétent pour célébrer le mariage. Les militaires peuvent , en outre , se marier devant les officiers chargés des fonctions de l'état civil suivant la maxime : *Là où est le drapeau , là est la France.*

3° *Condition des publications en France* — Le mariage doit être précédé des publications prescrites par l'article 63 du C. N. et , quoique l'article 170 du même Code ne précise pas l'endroit où on devra les faire , c'est évidemment en France. Ici se présente une question fort grave , objet d'une vive controverse : à défaut de publication le mariage contracté à l'étranger est-il nul ? Trois systèmes sont en présence : le premier , avec Delvincourt et Marcadé , prononce la nullité du mariage; le second, soutenu par Vazeille et Zachariæ ne l'admet pas. Je me range à la troisième opinion adoptée par la jurisprudence et enseignée par Demolombe , qui laisse aux magistrats le soin d'apprécier les circonstances dans lesquelles la célébration s'est produite avant de maintenir ou d'invalider le mariage , le défaut de publications n'entraînant pas à lui seul la nullité de l'union contractée. Cette opinion qui a pour elle l'équité ne me paraît nullement contraire au texte même de la loi. Le mot de *nullité* n'est pas expressément prononcé par l'article 170 et les mots *pourvu que*, qu'on y rencontre, visent non-seulement les publications, mais la généralité des dispositions contenues dans le chapitre premier.

4° *Condition de transcription* — Dans les trois mois de son retour en France , le Français marié à l'étranger doit faire transcrire l'acte de célébration de son mariage sur le registre public des mariages du lieu de son domicile. Mais quelle est la sanction de l'article 171 ? Qu'arrivera-t-il si le mariage n'est pas transcrit dans les trois mois ? Sera-t-il nul ? Je pense que, si le défaut de transcription fait éprouver à des tiers quelque préjudice , les tribunaux saisis de la demande pourront, d'après les circonstances, déclarer qu'à l'égard des tiers ce mariage est réputé ne pas exister , mais qu'il est valable et produit tous ses effets civils à l'égard des parties contractantes.

De la preuve du Mariage

Nul ne peut réclamer le titre d'époux et les effets civils du mariage, s'il ne représente un acte de célébration inscrit sur les registres de l'état civil. Rien ne peut remplacer cet acte, ni présomptions, ni témoins, ni titres.

Telle est la règle rigoureuse et générale contenue dans l'article 194 du C. N. ; elle est tempérée par les exceptions suivantes :

1re Dérogation : *Perte des registres.* —Dans ce cas, les titres, les témoins, les présomptions, peuvent suffire à établir la célébration du mariage.

2me Dérogation : *Faveur accordée aux enfants dont les père et mère sont décédés.* —Il eût été peu équitable que des enfants, souvent orphelins en bas âge et ignorants des faits qui ont précédé leur naissance, fussent contraints de représenter l'acte de mariage de leurs parents ; aussi la loi les en dispense-t-elle, à condition que : 1o les père et mère soient tous deux décédés, ou absents ou en état de démence; 2o qu'ils aient eu la possession d'état d'époux légitimes ; 3o que les enfants eux-mêmes aient eu la possession d'état d'enfants légitimes; et 4o que cette possession d'état ne soit pas contredite par l'acte de naissance. La possession d'état c'est la notoriété publique considérant les père et mère et les enfants comme formant une famille légitime. Cette possession de l'enfant n'est qu'une présomption légale qu'on peut établir par toute espèce d'écrits et même par témoins.

3me Dérogation : *Destruction et falsification de l'acte de mariage.* — L'article 198 s'étend à tous les cas où soit par un crime, soit par un délit, l'acte de célébration a été mis hors d'état de servir aux intéressés. Si des poursuites intentées devant la juridiction criminelle soit par les époux, soit par leurs héritiers, soit par le procureur impérial, contre tout individu coupable du crime ou des poursuites civiles dirigées contre les héritiers du coupable par le procureur impérial, il résulte la preuve de la célébration du mariage, la loi permet aux parties l'inscription du jugement sur les registres de l'état civil, en remplacement de l'acte primitif, et assure au mariage tous ses effets civils à compter du jour de sa célébration. Disons, en terminant, que l'article 198 n'a d'effet que lorsque les époux ou les intéressés se sont portés parties civiles et qu'un mariage ne peut avoir lieu, à l'insu, contre le gré des contractants, presque d'office, comme le dit M. Demolombe, par l'effet d'une procédure à laquelle ils auraient été complétement étrangers.

PROCÉDURE CIVILE

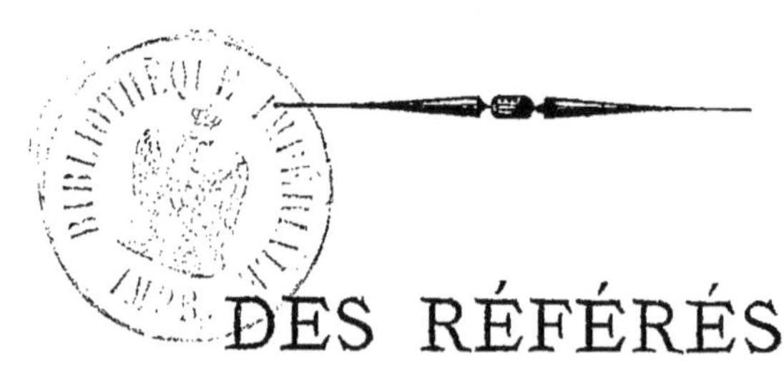

DES RÉFÉRÉS

Le référé est une procédure simple, expéditive, instituée pour éviter aux parties le préjudice qui pourrait résulter pour elles des lenteurs de l'instruction ordinaire. Elle tire son origine d'un édit de 1685 qui lui-même confirmait et règlementait un usage antérieur, connu en Normandie sous le nom de *clameur de haro*.

Cette voie est ouverte aux parties en cas d'urgence ou lorsqu'il s'agit de statuer provisoirement sur des difficultés relatives à l'exécution d'un titre exécutoire ou d'un jugement. Ce sont là les termes de l'art. 806 du C. Pr. ; mais comment faut-il les interpréter ? Ce texte présente-t-il une alternative ? L'urgence nécessaire au premier cas est-elle inutile au second ? Cette question fait controverse. M. Debelleyme enseigne, et la jurisprudence a décidé que l'art. 806 renferme deux cas de référé bien distincts ; que, s'il s'agit d'un débat étranger à l'exécution d'un acte, l'urgence est de rigueur ; mais qu'elle est inutile dans une question d'exécution. Je pense , contrairement à cette doctrine, que l'art. 806 ne contient aucune alternative ; qu'on doit suivre les formes ordinaires, quand sur l'exécution d'un titre exécutoire il surgit des difficultés qui ne nécessitent pas une prompte solution ; qu'enfin , l'urgence seule peut autoriser l'emploi du référé , qu'elle est une condition commune qui domine toute cette procédure.

L'urgence existe quand il y a péril imminent dans la demeure , quand le demandeur ne peut attendre, sans un grave préjudice, l'expiration d'une assignation , même à bref délai , devant la juridiction ordinaire. Elle consiste essentiellement dans des points de fait dont les mille nuances , l'extrême variété défient l'énumération et qui sont abandonnées par le législateur à l'examen du juge , à son pouvoir discrétionnaire.

La juridiction des référés s'étend aux actes exécutoires de toute nature et comprend toutes les décisions judiciaires. Je crois même, quoique cette opinion ne soit pas généralement admise , que le juge auquel on présente un titre authentique revêtu de la forme exécutoire a le droit de suspendre les poursuites en tenant compte du mérite de l'obstacle et des motifs qu'on fait valoir à l'appui d'une suspension. Des poursuites sont souvent très-rigoureuses ; leur effet peut être irréparable ; pourquoi dès-lors priver le magistrat d'un pouvoir dont il peut faire un si bon usage ? L'art. 135 du C. Pr. ordonne bien, il est vrai, l'exécution provisoire quand il y a condamnation précédente, promesse reconnue , ou titre authentique ; mais le mot *difficultés,* dont se sert l'art. 806 , ne doit pas être interprété dans un sens étroit ; il est susceptible d'une grande extension et donne carrière à l'équité du magistrat.

Toutes les parties qui ont intérêt à faire ordonner une mesure provisoire, suspendre ou continuer une opération , peuvent assigner en référé ; bien plus , les tuteurs, les mineurs émancipés , les femmes mariées , les communes, n'ont pas besoin d'autorisation pour figurer dans cette procédure, les ordonnances qu'on y rend ne faisant aucun préjudice au principal. Les juges de paix, en matière de scellés , les notaires en cas de compulsoire incident à une instance , les greffiers, s'il surgit des difficultés sur la collation d'un acte, peuvent aussi, soit d'office, soit sur la réquisition des parties, provoquer un référé.

Le président du tribunal de première instance ou le juge qui le remplace (ce juge doit être le plus ancien) sont seuls compétents pour connaître des référés. L'art. 807, en désignant le juge, ne dit pas au tribunal de quel lieu il doit appartenir ; c'est , en cas de contestation sur l'exécution d'un jugement ou titre, au tribunal du lieu où s'élève la contestation; dans les autres cas d'urgence , les règles générales de compétence posées dans l'art. 59 du C. Pr. sont seules applicables.

Les parties peuvent se présenter volontairement devant le juge des référés; mais ce cas est l'exception , et généralement la demande est portée par assignation à une audience tenue à cet effet par le président ou par le juge qui le remplace aux jour et heure indiqués par le tribunal. Si les difficultés sont pressantes, si le cas requiert célérité, si le demandeur ne peut attendre sans un préjudice notable l'audience des référés , le président peut permettre d'assigner , par ministère d'un huissier, commis à cet effet, soit à l'audience , soit à son hôtel , à l'heure indiquée , même les jours de fête , c'est-à-dire de jour à jour , d'heure à heure , soit à une audience spéciale qu'il fixe , soit même à sa demeure. Le référé peut même, dans certains cas, être introduit sans assignation , sans permission préalable par transport immédiat devant le président.

Les parties se présentent devant le juge , soit en personne , soit par un mandataire; le ministère public n'est pas entendu ; les audiences sont publiques et la police en appartient au président.

Si l'urgence n'est pas bien justifiée , si le débat présente de graves difficultés , le président , après avoir entendu les parties , peut les renvoyer à l'audience pour y être jugées même en état de référé ; dans le cas contraire, et selon son degré de conviction , il rend une ordonnance définitive ou préparatoire.

Les ordonnances de référé ou les jugements rendus en cet état sont déposés au greffe. Ils ne font aucun préjudice au principal, et laissent intactes, quant au fond les prétentions des parties. Ils sont exécutoires par provision, sur la minute, en cas d'absolue nécessité, sans caution si le juge n'a pas ordonné qu'il en fût fourni une. Ils ne sont pas susceptibles d'opposition. Si le défendeur ne se présente pas, le juge, tout en donnant défaut rend une ordonnance qui est comme contradictoire à son égard ; remarquons toutefois que cette disposition ne s'étend pas aux arrêts rendus par défaut sur les ordonnances de référé.

La loi autorise l'appel de ces ordonnances, lorsque la demande, objet du litige, est indéterminée, lorsqu'elle dépasse 1,500 fr., ou lorsqu'une des parties soulève l'incompétence. Cet appel n'est pas suspensif. Il peut être interjeté même avant le délai de la huitaine à dater du jugement ou de l'ordonnance, et n'est point recevable s'il a été interjeté après la quinzaine à dater du jour de la signification du jugement ou de l'ordonnance. L'appel est jugé sommairement, c'est-à-dire conformément à l'art. 465 du C. Pr., et par conséquent à l'audience, devant une chambre de la Cour.

L'ordonnance de référé est-elle soumise au recours en cassation ? Après quelques oscillations, la Cour suprême a décidé que cette voie de recours est ouverte aux parties contre une ordonnance attaquée pour incompétence ou violation de la loi.

DROIT COMMERCIAL

DU CONTRAT A LA GROSSE ET DE SES CARACTÈRES

Le contrat ou prêt à la grosse aventure, connu en droit romain sous le nom de *nauticum fœnus*, appelé par abréviation *contrat* ou *prêt à la grosse*, quelquefois aussi dénommé *prêt à retour de voyage* est un contrat par lequel l'une des parties (le prêteur ou donneur) prête à l'autre (l'emprunteur ou preneur) un capital sur des objets exposés à des risques maritimes, à condition que, s'ils périssent ou sont détériorés par les accidents de la navigation, celui qui a prêté le capital ne pourra le répéter si ce n'est jusqu'à concurrence de ce que ces objets se trouveront valoir et que, s'ils arrivent heureusement, celui qui a reçu la somme sera tenu de la rendre au prêteur avec un certain profit convenu qu'on nomme *profit maritime*.

De ses Caractères

Les caractères d'un contrat sont les traits qui le distinguent. Ils sont généraux ou particuliers. Les caractères généraux d'un contrat sont les traits qui lui sont communs avec d'autres contrats, les qualités qui, applicables à plusieurs, permettent de les comprendre sous une même qualification, d'en former un genre. Les caractères particuliers sont les éléments qui composent un contrat, le spécialisent et lui assurent une individuabilité propre. Ils constituent l'espèce.

CARACTÈRES GÉNÉRAUX. — Le contrat à la grosse est :

1o *Commercial*. — Il a pour objet un acte clairement déterminé par l'article 633 C. Comm.

2o *Consensuel et réel*. — Consensuel en ce sens que la convention de prêter est valable par elle-même et forme contrat ; réel : 1° parce qu'il ne produit les effets qui lui sont propres qu'après la livraison effective de la chose ou la numération des espèces et 2o parce que l'action du prêteur est subordonnée à l'existence de la chose sur laquelle le prêt à la grosse a été fait.

3o *Unilatéral*. — L'emprunteur seul est obligé, le prêteur n'est tenu à rien dès qu'il a compté les espèces.

4o *A titre onéreux*. — Les deux parties y cherchent un bénéfice.

5o *Aléatoire*. — D'après l'article 1964 du C. N., est ainsi nommé le contrat duquel résulte une chance de gain ou de perte pour les parties ou pour l'une d'elles. Or, en cas d'heureuse arrivée, le prêteur sur contrat à la grosse reçoit une somme en sus de son capital ; en cas de sinistre, il peut ne rien recevoir; donc pour lui chance de gain ou de perte, contrat aléatoire.

6o *De droit strict*. — La bonne foi ne peut pas ici faire fléchir la rigueur des principes et si la chose n'existait pas ou n'existait plus au moment de la convention, il n'y aurait pas de contrat quand bien même les deux parties l'auraient crue existante. (Bravard-Veyrières, Droit comm.)

7o *Non solennel*. — Son existence ne dépend pas essentiellement de formalités à faire remplir par un officier public.

8o *Du droit des gens*. — Il peut intervenir entre personnes de toutes nations.

9o *Nommé*. — Il est désigné par la loi et soumis à des règles spéciales.

10o *Principal*. — Son existence lui est propre ; elle ne se rattache pas à un autre contrat.

CARACTÈRES PARTICULIERS. — La capacité des parties contractantes , une somme d'argent qui soit prêtée, une ou plusieurs choses sur lesquelles le prêt soit fait , des risques maritimes auxquels ces choses soient exposées , une somme convenue que l'emprunteur s'engage à payer au prêteur en cas d'heureuse arrivée , tels sont , outre le consentement des parties qui est de l'essence de tous les contrats , les éléments particuliers qui composent et caractérisent le prêt à la grosse.

1° *Capacité des parties.* — Chacune d'elles doit être habile à s'engager commercialement. En thèse générale , le propriétaire d'une chose a seul le droit de l'affecter à un emprunt à la grosse ; mais ce principe reçoit un tempérament fondé sur les nécessités de la navigation. L'art 234 du C. Comm. permet en effet au capitaine d'emprunter à la grosse pendant tout le cours du voyage , s'il surgit de pressantes nécessités, à charge d'une autorisation préalable du tribunal et moyennant une autorisation spéciale des propriétaires du navire s'il se trouve dans le lieu où demeurent ces derniers.

2° *Capital prêté.* — Le prêt peut consister, non-seulement en argent, mais encore en choses fongibles , telles que des denrées ou même des marchandises. Dans l'usage on ne prête que de l'argent.

3° *Choses sur lesquelles on peut emprunter à la grosse.* — On peut emprunter sur toutes choses sujettes aux risques de la navigation et estimables à prix d'argent, en un mot, vénales : sur le corps et quille du navire , sur les agrès et apparaux , ce qui comprend les mâts, voiles, cordages, vergues et autres ustensiles , sur les victuailles, sur l'armement , c'est-à-dire sur les canons , armes , munitions de guerre , enfin sur le chargement ; on nomme alors le contrat à la grosse *prêt sur facultés.* Le prêt à la grosse peut avoir lieu aussi bien sur barques et chaloupes que sur navires, (arrêt de Cass. 30 fév. 1844) aussi bien sur la totalité des objets que j'ai désignés que sur une partie déterminée de chacun d'eux. Mais on ne peut emprunter à la grosse ni sur sa vie , ni sur sa liberté , ni sur des choses qui comme le profit espéré des marchandises , et le fret à faire n'ont pas d'existence au moment du contrat. Il n'en est pas ainsi du fret acquis, ce fret constituant en faveur de l'armateur un droit certain sur lequel il peut emprunter s'il l'expose à de nouveaux risques. L'article 319 du C. Comm., contraire sur ce point à l'ordonnance de 1681, interdit aux matelots ou aux gens de mer tout prêt à la grosse sur leurs loyers ou voyages. Cette défense est sage, car les loyers des matelots n'ont rien de certain, et leur permettre des emprunts serait affaiblir l'intérêt qu'ils por_ tent au salut du navire. Enfin, l'article 316 déclare annulable tout emprunt à la grosse fait pour une somme excédant la valeur des objets sur lequel il est affecté. Les effets de ce contrat varient alors selon la fraude ou la bonne foi de l'emprunteur.

4o *Risques*. — C'est un caractère essentiel du prêt à la grosse, que les objets qui y sont affectés soient exposés à des risques. Ce contrat n'aurait autrement que les effets du prêt ordinaire. On entend par risques tous les cas fortuits maritimes, qui peuvent amener la perte ou la détérioration des objets affectés. Les parties contractantes peuvent limiter le temps des risques; mais, s'il est indéterminé dans le contrat, il court à l'égard du navire, des agrès, des apparaux, des armements et victuailles, du jour où le navire a fait voile jusqu'au jour où il est ancré ou amarré au port du lieu de sa destination ; à l'égard des marchandises, il court du jour où elles ont été chargées dans le navire, jusqu'au jour où elles sont délivrées à terre.

5o *Profit ou change maritime*. — On nomme ainsi la stipulation au profit du prêteur d'une somme en sus du capital prêté. Ce change peut consister ou en une somme d'argent ou en quelque autre chose évaluable au gré des parties. Dans la pratique il est stipulé en argent à tant pour cent par mois. Ce change n'est pas restreint à un taux déterminé et n'est jamais réductible pour cause d'excès. La loi le considère comme une juste compensation donnée au prêteur pour la chance qu'il court de perdre son capital.

DROIT ADMINISTRATIF

DES CONSEILS MUNICIPAUX

Le conseil municipal est un conseil électif placé près du maire pour aider, éclairer et contrôler son administration en ce qui touche l'intérêt de la commune.

Les communes sont des réunions d'habitants liés entr'eux par une communauté d'intérêts et de devoirs, par une origine et des institutions communes. De là leur nom, de là le principe du pouvoir municipal et la nécessité d'une administration intérieure composée de mandataires élus par ceux dont ils doivent surveiller les intérêts.

Organisation

Depuis leur établissement, et quant à leur organisation, les conseils municipaux ont subi de nombreuses vicissitudes. Emanation directe de la volonté des citoyens d'après la loi du 14 décembre 1789, nommés par le préfet sous la loi du 28 pluviôse an VIII, partiellement électifs en vertu du sénatus-consulte organique du 16 thermidor an x, de nouveau nommés sous la restauration par le choix tout puissant du préfet, redevenus électifs mais par un suffrage restreint en vertu de la loi du 21 mars 1831, ils sont aujourd'hui régis par la loi du 25 mai 1855 qui, reproduisant les dispositions de la loi du 3 juillet 1848, a remplacé le suffrage limité par la plénitude du suffrage universel.

D'après les dispositions de cette loi, la seule en vigueur sur ce point, les membres du conseil municipal sont élus par les électeurs inscrits sur la liste communale dressée en vertu de l'art. 13 du décret du 2 février 1852 et selon les formes prescrites pour l'élection des députés au corps législatif, toutefois avec quelques différences relatives soit à la division des sections électorales, soit à la convocation des électeurs, soit au recensement des votes.

Le conseil se compose d'un nombre de conseillers qui varie selon l'importance de la commune entre un minimum de dix membres et un maximum de soixante. Les conseillers municipaux doivent être âgés de vingt-cinq ans accomplis. C'est la seule condition d'éligibilité qui leur soit imposée ; ajoutons qu'ils doivent jouir de leurs droits civils et politiques et n'être pas atteints d'une incompatibilité ou d'une incapacité prévue par les art. 9, 10 et 11 de la loi actuellement en vigueur. Ils sont élus pour cinq ans et sont indéfiniment rééligibles par cela seul que leur réélection n'est défendue par aucun texte.

Dans le temps qui s'écoule entre les élections quinquennales, on ne procède à des remplacements individuels que si, par suite de vacances, le conseil se trouve réduit aux trois quarts de ses membres. Les conseillers municipaux s'assemblent en section ordinaire quatre fois l'année ; mais, quand les intérêts de la commune l'exigent, le préfet ou le sous-préfet peut prescrire une convocation extraordinaire. Les séances des conseils mnnicipaux ne sont pas publiques ; le maire les préside avec voix prépondérante en cas de partage dans le vote ; s'il ne peut présider, un adjoint le remplace. Les seules séances où le maire ne doit pas occuper la présidence sont celles où l'on contrôle ses comptes d'administration.

Les conseils municipaux, par une aggravation des règles relatives aux conseils généraux et aux conseils d'arrondissement, peuvent être suspendus par le préfet ou dissous par l'Empereur pour des causes laissées à l'appréciation du préfet ou au pouvoir discrétionnaire du chef de l'Etat.

Par exception aux dépositions précédentes, c'est l'Empereur qui nomme les conseils municipaux de Paris, Lyon et des communes du département de la Seine.

Attributions

Les conseils municipaux exercent leur autorité par des règlements, des délibérations, des avis et des vœux; d'où quatre sortes d'attributions distinctes entre elles, mais formant une seule classe, auxquelles il faut joindre, pour en faire cependant une classe à part, les attributions relatives aux contributions nationales.

PREMIÈRE CLASSE. — 1o *Des Règlements.* — Ils comprennent : 1o Le mode d'administration des biens communaux qui se divisent en biens patrimoniaux et biens communaux proprement dits ; 2o les conditions des baux à ferme ou à loyer dont la durée n'excède pas dix-huit ans pour les biens ruraux et neuf ans pour les autres biens ; 3o le mode de jouissance et la répartition des pâturages et fruits communaux autres que les bois, ainsi que les conditions à imposer aux parties prenantes ; 4o les affouages en se conformant aux lois forestières. On entend par affouage le droit de l'habitant aux produits d'une forêt pour les besoins de sa maison.

Les règlements, on le voit, ne s'appliquent qu'à de simples jouissances d'assez courte durée et qui ne peuvent nullement compromettre la propriété communale. Ils sont adressés au sous-préfet par le maire qui en reçoit un récépissé et sont exécutoires indépendamment de toute approbation de l'autorité supérieure, à moins que, dans les trente jours qui suivent la date du récépissé, le préfet ne les annule soit d'office, soit pour violation d'une disposition de loi ou d'un règlement d'administration publique, soit sur la réclamation de toute partie intéressée.

2o *Des Délibérations*. — Elles concernent : 1º le budget de la commune ; 2º les propriétés communales ; 5º les actions judiciaires ; 4º les travaux communaux ; 5º le parcours et la vaine pâture ; 6º les comptes d'administration du maire. Ce sont là les cas énoncés à titre d'exemples dans les art. 19, 23 et 25 de la loi du 18 juillet 1837. Les délibérations des conseils municipaux ne sont exécutoires qu'après l'approbation de l'autorité supérieure.

5o *Avis*. — Les conseils municipaux sont toujours appelés à donner leur avis sur les objets détaillés dans l'art. 21 de la loi du 18 juillet 1837, article dont l'énumération n'est pas limitative. Les avis des conseils municipaux ont pour but d'éclairer l'autorité supérieure sur les intérêts des localités considérées comme circonscriptions administratives.

4o *Vœux*. — Aux termes de l'art. 24 de la loi du 18 juillet 1837 , le conseil municipal peut exprimer son vœu sur tous les objets d'intérêt local ; mais il sortirait de ses attributions s'il approuvait ou blâmait un acte de l'administration supérieure , relatif à la politique générale.

DEUXIÈME CLASSE. — *Attributions relatives aux contributions nationales* — En cette matière, l'art. 22 de la loi du 18 juillet 1837 donne au conseil municipal le droit de réclamer , s'il y a lieu , contre le contingent assigné à la commune dans l'établissement des impôts de répartition. Cette réclamation n'est ni un avis , ni un vœu , mais une véritable demande en décharge soumise au conseil d'arrondissement , puis au conseil général qui doit toujours en connaître et qui seul y statue définitivement.

Vu par nous , Professeur , Président de la Thèse ,

CARLES.

Vu et permis d'imprimer :

Le Recteur de l'Académie d'Aix ,
Commandeur de la Légion-d'Honneur ,

DESCLOZEAUX.

Nîmes , imprimerie J. Roumieux et C., place de la Belle-Croix.